Paciente com câncer

RAFAEL KALIKS | LUCIANA HOLTZ | AURO DEL GIGLIO

Paciente com câncer
*um guia para quem acabou
de receber o diagnóstico*

Copyright © 2012 Editora Manole Ltda., por meio de contrato com o autor.

Logotipo: *Copyright* © 2012 Oncoguia

Projeto gráfico: Departamento Editorial da Editora Manole
Diagramação: JLG Editoração Gráfica ME Ltda.
Capa: Departamento de Arte da Editora Manole
Minha Editora é um selo editorial da Editora Manole

Dados Internacionais de Catalogação na Publicação (CIP)
(Câmara Brasileira do Livro, SP, Brasil)

Kaliks, Rafael
    Paciente com câncer : um guia para quem acabou de receber o diagnóstico/
Rafael Kaliks, Luciana Holtz, Auro Del Giglio. – Barueri, SP : Manole, 2012.

    ISBN 978-85-204-3496-3

    1. Câncer – Aspectos psicológicos 2. Câncer – Diagnóstico 3. Câncer – Etiologia
4. Câncer – Obras de divulgação 5. Câncer – Prevenção
I. Holtz, Luciana. II. Del Giglio, Auro. III. Título.

	CDD-616.994
12-02796	NLM-QZ 201

Índices para catálogo sistemático:
1. Câncer : Medicina : Obras de divulgação
616.994

Todos os direitos reservados à Editora Manole.
Nenhuma parte deste livro poderá ser reproduzida, por qualquer processo, sem a
permissão expressa dos editores. É proibida a reprodução por fotocópia.

A Editora Manole é filiada à ABDR – Associação Brasileira de Direitos Reprográficos.

1ª edição – 2012

Direitos adquiridos pela:
Editora Manole Ltda.
Avenida Ceci, 672 – Tamboré – 06460-120 – Barueri – SP – Brasil
Tel.: (11) 4196-6000 – Fax: (11) 4196-6021
www.manole.com.br | info@manole.com.br

Impresso no Brasil | *Printed in Brazil*

Este livro contempla as regras do Acordo Ortográfico da Língua Portuguesa de 1990,
que entrou em vigor no Brasil em 2009.

São de responsabilidade dos autores as informações contidas nesta obra.

AUTORES

RAFAEL KALIKS

Oncologista Clínico do Hospital Israelita Albert Einstein (HIAE). Diretor Científico do Instituto Oncoguia.

LUCIANA HOLTZ

Psicóloga, Psico-oncologista e Especialista em Bioética. Presidente do Instituto Oncoguia.

THEODORA KARNAKIS

Geriatra. Assistente do Instituto do Câncer do Estado de São Paulo. Coordenadora de Cuidados Paliativos no Instituto de Oncologia e Hematologia do HIAE.

AURO DEL GIGLIO

Professor Titular de Oncologia e Hematologia da Faculdade de Medicina do ABC. Livre-docente pela Faculdade de Medicina da Universidade de São Paulo. Oncologista Clínico do HIAE. Oncologista Clínico do Hospital Samaritano.

SUMÁRIO

APRESENTAÇÃO ix

1 O CÂNCER TEM CURA, SIM 1

2 CONSULTA COM O SEU ONCOLOGISTA: O QUE ELE IRÁ QUERER SABER 5

3 O QUE É O CÂNCER? 11

4 "CADA CASO É UM CASO..." O QUE ISSO SIGNIFICA? 15

5 OS DIFERENTES TIPOS DE TRATAMENTO 17

6 O QUE DETERMINA A ESCOLHA DO MEU TRATAMENTO? 27

7 PREPARANDO-SE PARA INICIAR O TRATAMENTO 31

8 CONHECENDO A EQUIPE MULTIPROFISSIONAL QUE CUIDA DO PACIENTE 35

9 O DIA A DIA DO TRATAMENTO DO CÂNCER COM QUIMIOTERAPIA: QUESTÕES QUE MERECEM ATENÇÃO 41

10 ENFRENTANDO OS EFEITOS COLATERAIS DO TRATAMENTO DE UM CÂNCER 45

11 ONDE POSSO FAZER MEU TRATAMENTO? 49

PACIENTE COM CÂNCER

12 PROTOCOLOS DE PESQUISA CLÍNICA: O QUE É, QUAL
A IMPORTÂNCIA E COMO PARTICIPAR?   53

13 VALE A PENA OUVIR UMA SEGUNDA OPINIÃO MÉDICA?   61

14 SEM MEDO DE SE MANTER INFORMADO.
QUAIS AS MELHORES FONTES?   63

15 DIREITOS DOS PACIENTES COM CÂNCER   65

16 FAMILIAR: O QUE VOCÊ DEVE SABER E COMO PODE AJUDAR   69

17 IMPORTÂNCIA DOS CUIDADOS PALIATIVOS   73

18 CÂNCER E QUALIDADE DE VIDA: UMA REALIDADE   77

19 O PACIENTE IDOSO COM CÂNCER   79

APRESENTAÇÃO

Caro leitor,

Sabemos o quanto é difícil lidar com o impacto de um diagnóstico de câncer e acreditamos que podemos lhe ajudar nesta fase inicial. Primeiramente, vale mencionar que a reação de susto, a indignação e a frustração de que isso esteja ocorrendo, a terrível insegurança sobre o futuro e o medo de perguntar sobre todos os aspectos relativos à doença são sentimentos comuns entre pacientes recém-diagnosticados.

Embora não exista uma receita sobre como lidar adequadamente com o diagnóstico e os sentimentos por ele gerados, podemos afirmar, sem medo de errar, que sempre, absolutamente sempre, há como ajudar um paciente com câncer.

Neste livro, apresentamos informações básicas necessárias para que você possa entender um pouco melhor a doença e enfrentar o desafio do tratamento de maneira objetiva e certeira. Existe um conjunto de ações e informações que podem facilitar essa difícil tarefa de combater o câncer, que passam pela explicação sobre as fases da doença (estadiamento), o entendimento sobre os princípios de tratamento nas diversas modalidades (cirurgia, tratamento sistêmico, radioterapia), os aspectos relacionados a nutrição, psicologia, cuidados familiares e o que pode ou não ser feito ao longo do tratamento.

Por mais difícil que possa ser essa fase, vale sempre lembrar que o objetivo maior da oncologia é proporcionar a melhor chance de o paciente retomar uma vida normal, e, mesmo quando a cura não é possível, oferecer uma sobrevida longa e com qualidade. Felizmente, na maioria das vezes, a ciência e os cuidados que se baseiam em uma abordagem multiprofissional nos permitem alcançar esses objetivos.

Torcemos para que, com esta publicação, possamos lhe ajudar a iniciar esse processo, que fará com que um dia o câncer se torne apenas uma parte da sua história de vida. Não temos dúvida de que, apesar do câncer, a vida continua.

Os autores

1

O CÂNCER TEM CURA, SIM

O CÂNCER TEM CURA, SIM

Este capítulo foi escrito para o paciente que acaba de ser diagnosticado com um câncer ou, então, para um parente ou amigo próximo a ele. Em meio à sensação de choque percebida pela maioria dos pacientes, queremos esclarecer que, em muitos casos (muitos mesmo), o câncer pode ser curado, que existe tratamento para a grande maioria deles e que há sempre algo que pode ser feito para ajudar o paciente a passar pela doença e seu tratamento, mesmo nos casos em que não se pode atingir a cura.

AS FASES DO CÂNCER

Os cânceres podem ser diagnosticados em diversas fases: desde um estágio muito inicial, geralmente sem qualquer sintoma, passando por uma fase mais avançada, até uma etapa tardia da doença, quando ela já se espalhou pelo corpo, situação chamada de doença metastática. Nessa fase avançada, os pacientes costumam ter sintomas decorrentes da doença. Para a grande maioria dos tipos de câncer (com exceção dos cânceres hematológicos, como leucemia, linfoma e mieloma múltiplo), o câncer é curável se estiver em uma fase inicial e se for ressecável (se puder ser retirado em sua totalidade por meio de cirurgia).

O SUCESSO NO TRATAMENTO DO CÂNCER

Para que o leitor tenha uma ideia do sucesso com os tratamentos atuais, está listada, na Tabela 1, a chance de um paciente permanecer vivo e sem sinais do câncer após o tratamento (sem comprometimento dos gânglios). Isso não necessariamente representa a cura, mas está próximo disso em muitos casos.

TABELA 1 SOBREVIDA EM 5 ANOS PARA TUMORES EM ESTÁGIO INICIAL

Órgão do tumor	% de pacientes vivos em 5 anos
Câncer de mama	98%
Câncer de próstata	100%
Câncer de pulmão	52%
Câncer de cólon (intestino grosso)	90%
Câncer de colo de útero	91%

Dados do SEER, do National Cancer Institute, de 1999-2006.
Disponível em www.cancer.gov, acessado em 27/12/2010.

O CÂNCER EM ESTADO MAIS AVANÇADO

Quando o câncer é diagnosticado em uma fase mais avançada, mas ainda sem evidência clara de doença metastática (doença a distância, em outros órgãos), existe ainda a possibilidade de cura, embora seja necessário um tratamento mais agressivo, geralmente consistindo não só de cirurgia, mas também de radioterapia e/ou de tratamento sistêmico (incluindo quimioterapia, hormonoterapia e terapias-alvo).

Em relação aos cânceres hematológicos, existe grande variabilidade quanto ao potencial de cura, que se estende tanto para os linfomas quanto para as leucemias e, muitas vezes, é necessário utilizar o transplante de medula óssea para conseguir a cura. Por último, pacientes cuja doença não mais é curável por causa da presença de metástases irressecáveis ainda dispõem de diversos tratamentos na quase totalidade dos casos.

Terapia-alvo é uma terapia oncológica que pode ter como alvo diretamente uma proteína característica das células tumorais. Assim, teoricamente, essa medicação agiria somente (ou preferencialmente) nas células tumorais (já que o alvo está presente nelas), poupando outras células do organismo e, assim, diminuindo os efeitos colaterais. Atualmente, a maior parte das novas medicações em desenvolvimento em cancerologia tem um alvo específico conhecido nas células tumorais.

É importante entender que sempre há, sempre mesmo, um meio de ajudar o doente, mas cabe a ele querer enfrentar a doença e procurar a ajuda necessária.

Diante de um diagnóstico de câncer, pacientes são encaminhados, via de regra, para consulta com um oncologista clínico ou cirúrgico. Essa consulta é de extrema importância e está descrita no Capítulo 2: "Consulta com o seu oncologista: o que ele irá querer saber".

2

CONSULTA COM O SEU ONCOLOGISTA: O QUE ELE IRÁ QUERER SABER

O PRIMEIRO ENCONTRO COM O MÉDICO

Pacientes com câncer procuram o médico pela primeira vez em um contexto de intensa ansiedade, em geral acompanhados por familiares igualmente ansiosos.

O diagnóstico recente de câncer ou a perspectiva de vir a receber um diagnóstico de câncer é suficiente para trazer insegurança e sofrimento para o paciente e seus familiares.

A primeira consulta tem por objetivo permitir que o médico estabeleça um vínculo com o paciente e sua família e, ao mesmo tempo, obtenha informações clínicas importantes durante a conversa e o exame clínico do doente. Serve também para que o médico possa analisar os exames que o paciente porventura já tenha feito. Na ansiedade dessa primeira consulta, dificilmente o paciente consegue reter muitas informações sobre a doença e seu tratamento. Assim, cabe ao médico, na parte final da consulta, explicar ao doente, de forma compreensível, quais serão os próximos passos a serem seguidos antes de iniciar o tratamento.

PACIENTE COM CÂNCER

Fundamental, nesse momento, é eliminar os receios do paciente e de seus familiares. Esses receios, muitas vezes infundados, atormentam muito mais do que o próprio diagnóstico.

Em função de, historicamente, o tratamento do câncer ter sido visto como extremamente tóxico, é possível que uma pessoa de idade mais avançada tenha mais medo do tratamento do que pacientes mais jovens, que assimilam melhor a informação do adequado controle de efeitos colaterais, graças ao uso de medicações modernas.

No caso de o tratamento ser discutido já nessa primeira visita, o paciente deve ter informações sobre os possíveis efeitos colaterais e métodos para sua prevenção e controle.

Frequentemente, ocorre uma segunda consulta antes mesmo do início de qualquer tratamento oncológico clínico, oportunidade na qual o paciente pode esclarecer as dúvidas que tenham surgido após a primeira fase de ansiedade e choque.

EXAMES COMPLEMENTARES EM ONCOLOGIA

Pacientes oncológicos necessitam não só de avaliação clínica, mas também de exames complementares laboratoriais e de imagem. Esses exames, além de avaliar a extensão da doença, têm também a função de avaliar diversos órgãos para prever a tolerância (ou não) a possíveis tratamentos, sejam cirúrgicos ou clínicos. É usual a avaliação da função de rins, fígado, coração e pulmões, além de hemograma completo (que avalia imunidade, presença de anemia e contagem de plaquetas).

Frequentemente, são solicitados exames de sangue, chamados de marcadores tumorais. Esses exames dosam as proteínas no sangue, que aumentam quando há presença de determinados tumores. Alguns marcadores podem ser utilizados para ajudar no diagnóstico; outros, para indicar o prognóstico (prever se um caso terá resultado melhor ou pior), e muitos são utilizados para acompanhamento posterior, ao longo do tratamento. Os exames de imagem mais comumente solicitados são:

- tomografia computadorizada (tira fotos do corpo como se fosse em fatias);
- ressonância nuclear magnética (melhor que a tomografia para avaliação de alguns órgãos, como cérebro, medula espinal e fígado);
- PET-CT (mostra o local em que se concentra a glicose).

Vale mencionar que, em relação ao PET-CT, algumas lesões benignas inflamatórias, como a tuberculose, podem ser confundidas com lesões tumorais, devendo, portanto, o resultado ser analisado de maneira extremamente criteriosa.

ESTADIAMENTO DOS TUMORES

Estadiamento do câncer consiste na avaliação da extensão da doença. Essa avaliação pode ser feita antes da cirurgia, o chamado estadiamento clínico, ou após a cirurgia oncológica, o chamado estadiamento patológico. Estadiar um tumor implica conhecer o quanto ele já avançou por ocasião do seu diagnóstico. Especialmente no caso de tumores sólidos, quanto mais avançado for o estágio, pior será o prognóstico do paciente.

O estadiamento clínico dos tumores de diversos órgãos baseia-se na classificação dos tumores malignos (TNM), proposta pela União Internacional contra o Câncer (UICC). Essa classificação segue as características de: tamanho do tumor, comprometimento dos gânglios (chamados de linfonodos), drenagem do órgão em que o tumor se localiza e, ainda, presença ou ausência de metástase a distância.

No caso do estadiamento clínico, todas essas características são avaliadas antes da cirurgia, o que inclui exames físico e radiológicos.

No caso do estadiamento patológico, essa avaliação é feita com base na análise que o patologista faz do tecido retirado cirurgicamente.

AVALIAÇÃO DO ESTADO FUNCIONAL DO PACIENTE

Além da avaliação da extensão da doença (estadiamento), qualquer decisão sobre o tratamento deve levar em conta a capacidade física do doente. Assim, algumas tabelas são utilizadas para classificar o paciente quanto à sua capacidade funcional:

- normal (capaz de praticar atividade esportiva);
- adequada (capaz de fazer as atividades diárias de maneira independente);
- limítrofe (paciente que precisa descansar, mesmo praticando apenas atividades rotineiras);
- diminuída (não consegue praticar atividades de maneira independente);
- gravemente comprometida (paciente acamado).

Pacientes sem capacidade física dificilmente toleram tratamentos agressivos.

Quando se trata de pacientes geriátricos, não é somente a capacidade funcional que determina a seleção do tratamento, mas também uma avaliação geriátrica completa, que leva em consideração, entre outros parâmetros, a capacidade mental (portadores de Alzheimer, por exemplo), a presença de outras doenças (denominadas de comorbidades) e o contexto de suporte social.

CARACTERIZAÇÃO ADICIONAL DOS TUMORES

Na oncologia moderna, é frequente a necessidade de caracterização adicional do tumor, não apenas em relação ao estadiamento, mas também de acordo com a presença ou não de determinado alvo para o qual existe um tratamento direcionado. A técnica laboratorial pela qual esse alvo é pesquisado varia, mas quando o paciente ouve falar em terapia-alvo, é da presença desse alvo no tumor que o médico está falando. Ter a presença do alvo no tumor pode ser uma vantagem sempre que houver disponibilidade da terapia-alvo em questão. Alguns alvos, porém, indicam tumores de pior prognóstico, apesar da existência de tratamentos direcionados.

DECISÃO SOBRE O MELHOR TRATAMENTO

Foi dedicado um capítulo inteiro para explicar todos os fatores que são levados em conta na hora de o médico decidir pelo melhor tratamento para um determinado paciente. Os itens abaixo, porém, são imprescindíveis:

- relação de confiança entre paciente e médico;
- conhecimento do estadiamento da doença;

- avaliação da função de órgãos que terão de tolerar o tratamento;
- avaliação da capacidade funcional do paciente;
- avaliação da presença de um alvo específico no tumor.

3

O QUE É O CÂNCER?

O aparecimento de um tumor é sempre consequência de uma alteração no material genético de uma célula. Todas as células do nosso corpo dividem-se em velocidades variadas e, ao longo dessas divisões, invariavelmente ocorrem alterações nos genes. Essas alterações geralmente são corrigidas por diversos mecanismos, como proteínas que corrigem as alterações, sistema imunológico que elimina células que contenham essas alterações genéticas, entre outros. Quando o organismo não consegue corrigir a mutação genética ou eliminar a célula com mutação, e quando essa mutação leva a célula a se dividir de maneira exacerbada e descontrolada, surge o tumor.

Quando um tumor adquire a capacidade de invadir tecidos adjacentes ou de entrar na circulação e se implantar em outros órgãos, trata-se de um tumor maligno, denominado câncer. Diversos estímulos podem levar ao acúmulo de alterações genéticas que causariam, posteriormente, o câncer. Entre esses estímulos, podem ser citados:

- fumaça do cigarro irritando a mucosa da boca, garganta, traqueia e pulmões;
- infecções virais como o HPV (vírus do papiloma humano), levando ao aparecimento de lesões pré-cancerosas e posteriormente cancerosas no colo do útero;
- radiação excessiva, como a que pode ser causada por vazamentos de material radioativo;
- determinados produtos químicos e drogas, causando dano diretamente no material genético.

A PREDISPOSIÇÃO GENÉTICA PARA O CÂNCER

Também há casos de câncer decorrentes de uma predisposição genética familiar. Esses indivíduos têm defeitos em determinados genes que seriam normalmente responsáveis por corrigir novas alterações do material genético. Como o sistema de correção está falho, acaba ocorrendo um acúmulo de novas alterações genéticas, que finalmente levam ao aparecimento de um câncer. Em outros casos, os indivíduos herdam uma mutação que, por si só, causa um crescimento descontrolado de determinadas células, levando ao câncer. O primeiro exemplo consiste na herança de uma mutação em um gene supressor de tumor e, o segundo, na herança de um gene chamado oncogene.

O DESENVOLVIMENTO DO CÂNCER E SUA MANIFESTAÇÃO

Uma vez que o câncer começa a se desenvolver, esse crescimento geralmente é inexorável. No entanto, para que uma célula cancerosa se divida o número necessário de vezes para crescer a um tamanho de 1 cm³, o processo pode, por vezes, levar anos.

O grande problema é que, nessa fase em que o tumor está pequeno, dificilmente o paciente apresenta sintomas e raramente algum exame de imagem detecta o problema. A partir de 1 cm³, o número de divisões celulares necessário para que ele atinja 10 cm³ é bem menor, tornando o crescimento mais rápido. Nessa fase em que o tumor está maior, é mais comum o aparecimento de sintomas, mas, lamentavelmente, também é mais frequente a ocorrência de metástases, isto é, a implantação de uma ou mais células que se desprenderam do tumor original em algum outro órgão.

A doença metastática é curável apenas em uma minoria dos casos e em alguns tipos de câncer. É com base nesse conhecimento de que tumores maiores e sintomáticos são menos curáveis que se tenta implementar estratégias de rastreamento precoce. O rastreamento consiste na procura ativa de casos de câncer quando o tumor ainda não causa nenhum sintoma e é curável, na grande maioria dos casos, apenas com uma cirurgia.

Quando o câncer tem origem em células pulmonares, trata-se de câncer de pulmão. Mesmo se essas células forem, através da circulação, parar no fígado ou no cérebro, essas metástases ainda são câncer de pulmão.

Em alguns casos, a manifestação do câncer ocorre na metástase, em vez de ocorrer no tumor primário. Por exemplo, um paciente pode apresentar uma fratura óssea e, na cirurgia para reconstrução, o ortopedista biopsia a borda do osso fraturado, descobrindo que havia células tumorais. Essas células tumorais terão de ser caracterizadas por técnicas laboratoriais para que se possa identificar o tipo e a origem do câncer. Com base na análise de diversas proteínas na superfície dessas células, é possível, por exemplo, estabelecer que as células malignas sejam de origem mamária. Nesse caso, faz-se então uma investigação direcionada para as mamas, para identificar se há de fato um tumor que tenha passado despercebido pelo exame físico inicial.

Quando o câncer está avançado, ele enfraquece o paciente, tornando-o mais propenso a desnutrição, trombose (coágulos de sangue nos vasos) e embolia pulmonar, sangramentos e infecções. Em última instância, o que acaba levando o paciente a óbito, frequentemente, é uma infecção, uma trombose com embolia ou um sangramento fatal. Em outros casos, pode ser a falência do fígado ou dos rins ou, ainda, uma insuficiência respiratória por comprometimento pulmonar maciço.

4

"CADA CASO É UM CASO..." O QUE ISSO SIGNIFICA?

É comum que, diante de um diagnóstico de uma doença grave como o câncer, médicos, amigos e familiares tentem animar o paciente, dizendo que "cada caso é um caso" e insinuando que, diferentemente daquele caso no qual o paciente evoluiu muito mal, o caso do paciente em questão terminará bem.

É preciso que o paciente realmente entenda e acredite nessa frase, mas com seu sentido real. Isso quer dizer que seu significado não é necessariamente bom ou ruim, é apenas um fato.

O motivo para essa afirmação ser verdadeira é que, embora possamos classificar um tumor em duas pessoas de maneira igual (câncer de mama, por exemplo), a tolerância dos pacientes ao tratamento, o controle que o sistema imunológico de cada um consegue exercer sobre o tumor, a idade do paciente e a presença de outras doenças (e medicações) concomitantes são diferentes. Todos esses fatores e vários outros podem, de fato, levar uma doença "igual" a se comportar de maneira diferente em dois pacientes. E, muitas vezes, é difícil prever qual deles irá responder melhor, tolerar melhor, viver mais ou ser curado.

A AVALIAÇÃO DA DOENÇA E SUA EXTENSÃO

Além disso, hoje já não basta classificar um câncer de cólon (intestino) apenas como câncer de cólon; é necessário avaliar também a extensão da doença (estadiamento), a presença ou ausência de determinadas mutações no tumor (o que pode propiciar ausência ou presença de resposta a determinadas terapias-alvo) e a condição de saúde do paciente, assim como sua condição psicológica e de apoio social.

Todos esses fatores podem ser determinantes do sucesso ou insucesso de um tratamento que, de fato, é cada vez mais individualizado. Portanto, um câncer de mama é sempre diferente de outro câncer de mama, da mesma forma que um paciente com câncer é sempre diferente de outro paciente com câncer.

O paciente e as pessoas próximas a ele devem entender isso não como um meio de dar uma esperança falsa a um paciente desesperado com um diagnóstico de câncer (até porque este paciente poderia evoluir de forma pior que outros que ele talvez conheça), mas como um fator determinante da necessidade de se encontrar o melhor tratamento para o câncer classificado com exatidão (por um bom laboratório de patologia), no melhor meio (hospital, clínica, estado da federação) e com o melhor médico para este paciente.

Não existe receita de bolo que seja boa para todos.

5

OS DIFERENTES TIPOS DE TRATAMENTO

A Figura 1 ilustra um exemplo genérico de como se planeja o tratamento oncológico de um paciente com um tumor sólido. Após o diagnóstico de tumor, que ocorre, como vimos, por meio de uma biópsia, passa-se ao estadiamento (avaliação da extensão da doença), que é comumente conduzido por exames de imagem – radiografia, tomografia computadorizada, ressonância magnética, cintilografia óssea e/ou PET *scan*.

Ainda por ocasião do estadiamento do paciente, são pedidos marcadores tumorais pertinentes, de acordo com o tipo de tumor que o paciente apresenta. Nesse momento, são necessários também testes gerais, como exames de sangue que visam a avaliar a função hepática (fígado) e renal, e outros exames que visem a melhor definir o acometimento de órgãos específicos por comorbidades que o paciente possa ter, como um ecocardiograma (ultrassom do coração) para avaliar a função cardíaca em um paciente hipertenso que receberá uma droga quimioterápica possivelmente cardiotóxica.

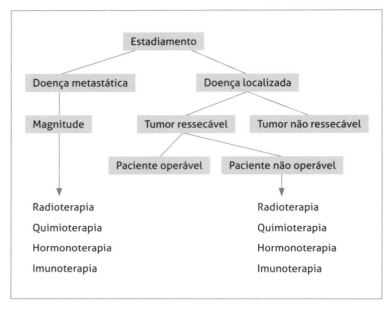

FIGURA 1 Algoritmo genérico para planejamento terapêutico de pacientes portadores de tumores sólidos.

Uma vez definido que a doença do paciente é localizada (estágios iniciais), é preciso descobrir se o tumor é ressecável ou não. Um tumor ressecável cirurgicamente é aquele tecnicamente exequível de ser completamente retirado com margens cirúrgicas livres de células malignas. Se o tumor for ressecável, o próximo passo é saber se o doente é operável ou não. Operabilidade é definida genericamente como a capacidade que o paciente tem de se submeter, com sucesso, à cirurgia proposta. Fatores como idade avançada e presença de outras doenças podem determinar que um paciente não possa ser operado. Se o doente tem um tumor ressecável e é operável, procede-se à cirurgia. Após a cirurgia e dependendo do tipo de tumor e do risco de recidiva, o tratamento poderá ser complementado por quimioterapia, hormonoterapia, imunoterapia, terapias--alvo e/ou radioterapia.

Quando é administrada uma modalidade terapêutica como a quimioterapia no período pré-operatório, com vistas a aumentar a chance de ressecabilidade do tumor e diminuir também a chance posterior de recidiva, ela é denominada quimioterapia neoadjuvante. Se administrada no período pós-operatório, com o intuito de diminuir a chance de recidiva, é chamada de adjuvante. O mesmo vale para as outras modalidades de tratamento sistêmico citadas e para a radioterapia.

Em situações nas quais o tumor não é ressecável ou quando já há metástases a distância, a cirurgia geralmente não é uma opção e outras modalidades terapêuticas sistêmicas (quimioterapia, hormonoterapia, imunoterapia e terapias-alvo) ou locais (radioterapia) podem ser aplicadas, dependendo das características do tumor em questão. O tratamento oncológico idealmente é produto de um esforço multidisciplinar coordenado, no qual colaboram cirurgiões, radioterapeutas, oncologistas clínicos, patologistas e outros profissionais médicos e paramédicos. O site do National Cancer Institute, cujo endereço eletrônico é http://www.nci.nih.gov/cancerinfo/, é uma excelente fonte de informações (em inglês), e o portal do Instituto Oncoguia, que pode ser acessado em http://www.oncoguia.org.br, descreve amplamente detalhes de diversos tipos de tumores (em português).

Em alguns casos, pode-se utilizar apenas uma modalidade de tratamento, como o uso exclusivo de quimioterapia no tratamento das leucemias ou a remoção cirúrgica de um melanoma em fase precoce de crescimento. Cada vez com maior frequência, no entanto, as diversas modalidades citadas são integradas com o intuito de aumentar a curabilidade de um tipo específico de câncer e, se possível, elevar a chance de preservação do órgão inicialmente envolvido. Isso ocorre, por exemplo, quando um tumor de mama é retirado por meio de uma ressecção parcial (quadrantectomia ou setorectomia), seguido da retirada de apenas um linfonodo axilar (chamado de linfonodo sentinela) ou do esvaziamento axilar para averiguar se há ou não gânglios linfáticos acometidos. Essa cirurgia que retira um pequeno fragmento da mama tem o objetivo de conservar o órgão, evitando, assim, as possíveis consequências psicológicas de uma mastectomia total (extirpação completa da mama acometida). Nesses casos, entretanto, a radioterapia pós-operatória é necessária para evitar a recidiva local do tumor no que restou da mama afetada. Além da radioterapia, se a mulher ainda não estiver na menopausa e tiver gânglios acometidos pelo câncer na axila, recomenda-se o uso de quimioterapia pós-operatória complementar (quimioterapia adjuvante). A quimioterapia adjuvante pode reduzir a chance de recaída tumoral em outros órgãos (a distância) em até 30%. A abordagem dos tumores mamários ilustra, assim, o conceito de terapia multidisciplinar do câncer, em que há integração de vários especialistas e das diversas modalidades terapêuticas na abordagem de um tipo de tumor.

Algumas vezes, administra-se quimioterapia antes de uma cirurgia (quimioterapia neoadjuvante), com o intuito de, ao diminuir o tamanho do tumor, poder proceder com uma cirurgia menos radical e até, eventualmente, preservar o órgão acometido. Um exemplo dessa abordagem ocorre nos tumores de laringe e de bexiga, nos quais a quimioterapia seguida de radioterapia pode, em alguns casos, substituir completamente a cirurgia mutilante.

OS DIFERENTES TIPOS DE TRATAMENTO

Em geral, modalidades terapêuticas como a quimioterapia, a radioterapia e a cirurgia procuram reduzir o número de células neoplásicas (citorredução). A meta é chegar a um número muito pequeno de células neoplásicas que possa ser eliminado ou controlado pelo sistema imune do indivíduo. Há ainda outras modalidades de tratamento sistêmico, como a imunoterapia, que procura estimular a habilidade do sistema imunológico para eliminar ou controlar a multiplicação das células tumorais, e a hormonoterapia, que interfere com hormônios naturais e pode reduzir o crescimento de tumores que dependeriam de hormônios para o seu crescimento.

Infelizmente, não é raro que tumores não sejam curáveis mesmo com as modalidades terapêuticas em uso hoje em dia. Algumas explicações para a incurabilidade de certos tumores residem em sua baixa sensibilidade à droga ou pelo fato de o tumor ter adquirido resistência à quimioterapia. Alguns tumores não são removíveis por completo em uma cirurgia (irressecáveis) e podem exibir também maior grau de radiorresistência. Outra possibilidade é a persistência no organismo das chamadas células-tronco tumorais, conceito novo pelo qual apenas uma pequena fração das células tumorais seria de fato resistente ao tratamento e responsável pela recidiva e disseminação posterior da doença. Acredita-se que essas células-tronco tumorais, enquanto dormentes durante longos períodos, sejam menos sensíveis aos tratamentos antitumorais.

Geralmente, quando os tumores se tornam incuráveis, ocorre uma combinação das características citadas que se traduz em novo crescimento tumoral, evidenciado por sinais e sintomas e alterações de exames de imagem e laboratoriais. Esse crescimento do

21

tumor será denominado recaída tumoral, se o tumor chegou a desaparecer nos exames usuais (exame clínico, de imagem e marcadores tumorais) e, por conseguinte, era inaparente até então, ou progressão tumoral, nos casos em que a dimensão do tumor aumenta na vigência do tratamento.

Nesse contexto, pode-se inferir, portanto, que o conhecimento de princípios das várias modalidades terapêuticas hoje em utilização é fundamental para entender como se faz o planejamento do tratamento de um tumor em particular.

Obviamente, as repercussões físicas, nutricionais, sociais e psicológicas do tratamento oncológico no paciente com câncer devem ser compreendidas no contexto dessa multidisciplinaridade característica da estratégia terapêutica atual para a abordagem dos tumores. Assim, se por um lado o paciente oncológico pode desnutrir-se por efeitos metabólicos gerados por seu próprio tumor ao longo da história natural de sua progressão (caquexia tumoral), poderá também sofrer consequências deletérias do tratamento sobre seu apetite e trato gastrointestinal, condicionando um estado de depleção nutricional com amplas repercussões sobre a sua funcionalidade e, por conseguinte, em sua qualidade de vida. Da mesma forma, um paciente oncológico pode se tornar deprimido e necessitar de suporte psicoterápico e/ou psicofarmacológico. Não se pode também deixar de mencionar a importância de profissionais paramédicos, como nutricionistas, psicólogos, enfermeiros, dentistas, fisioterapeutas e assistentes sociais, na equipe de assistência multidisciplinar ao paciente oncológico.

CONHECIMENTO BÁSICO SOBRE QUIMIOTERAPIA

O princípio básico da quimioterapia é a sua toxicidade para as células que se dividem rápido, ou seja, células tumorais. Infelizmente, as células de revestimento do intestino, da medula óssea e dos folículos pilosos também normalmente se dividem com muita rapidez. Portanto, podemos entender, dessa maneira, alguns dos efeitos tóxicos frequentes de drogas quimioterápicas citotóxicas, como queda de cabelo (alopecia), erosões do trato gastrointestinal (mucosite, aftas) e diminuição do número de células do sangue (mielossupressão, manifestada por anemia, baixa de glóbulos brancos e/ou das plaquetas).

A quimioterapia pode, por si só, ser curativa para alguns tumores, como certos tipos de leucemias e linfomas, tumores de testículo e doença trofoblástica. Em outros tumores, como o câncer de mama, de intestino e de ovário, a quimioterapia pós-operatória (adjuvante) pode aumentar a sua curabilidade.

Em certas situações, utiliza-se a quimioterapia unicamente com finalidade paliativa (quimioterapia paliativa), buscando apenas uma transitória redução do tumor para minimizar sintomas e, se possível, prolongar a sobrevida dos pacientes. Os tumores curáveis pela quimioterapia são os mais quimiossensíveis. Quando oferecemos quimioterapia para pacientes portadores de tumores muito quimiossensíveis, há grande e rápida destruição de células tumorais.

A via de administração da droga é muitas vezes fundamental para o seu efeito. O sistema nervoso central (SNC) é dotado de uma barreira (barreira hematoencefálica) que impede a penetração da maioria das drogas quimioterápicas administradas endovenosamente. O SNC é considerado, portanto, como um "santuário" do ponto de vista quimioterápico. Assim, para que seja possível, por exemplo, tratar de maneira eficaz o acometimento tumoral metastático das membranas envolventes do SNC (doença leptomeníngea), deve-se colocar a droga diretamente no SNC por meio de uma punção (quimioterapia intratecal).

A eliminação dos agentes quimioterápicos depende do fígado e dos rins. Portanto, devem-se sempre avaliar as funções desses órgãos antes da administração de agentes quimioterápicos que dependam deles para a sua eliminação. No caso de disfunção importante do fígado ou dos rins, é preciso evitar a administração de certos agentes quimioterápicos ou, então, diminuir suas doses.

Procura-se, sempre que possível, combinar várias drogas que sejam ativas contra um tumor em um regime poliquimioterápico. Geralmente, a combinação de drogas é mais eficaz do que se cada uma for administrada separadamente. A presença de drogas com diferentes mecanismos de ação dentro de um regime poliquimioterápico, além de somar as suas atividades antineoplásicas, pode também reduzir a chance de que um dado tumor seja resistente à terapêutica.

Deve-se sempre monitorar a resposta ao tratamento quimioterápico com a reavaliação do tamanho do tumor por palpação, por exames de imagem e pelos marcadores tumorais. Nunca se deve administrar quimioterapia sem que haja benefício para o paciente, dada a toxicidade dessa modalidade terapêutica. O julgamento de continuar ou não com um tratamento ou mudá-lo cabe ao oncologista responsável. Sua decisão irá se basear na magnitude da resposta obtida e na toxicidade provocada pelo tratamento e depender também da vontade do paciente em prosseguir ou não com a quimioterapia.

CONHECIMENTO BÁSICO SOBRE HORMONOTERAPIA

Alguns tipos de câncer precisam de estímulo de determinados hormônios para o seu crescimento, ao menos em uma fase de sua evolução. Exemplos são o câncer de próstata, que cresce sob estímulo da testosterona, e o câncer de mama, que tem a presença de receptores de estrógeno e progesterona em sua superfície e que crescem na presença desses hormônios. Uma maneira de tirar o estímulo que esses hormônios naturais do organismo exercem no crescimento do tumor é interferir na sua produção pelo corpo. Assim, quando se faz a retirada cirúrgica dos testículos ou se interfere na produção de testosterona por meio de injeções, ocorre uma queda importante da quantidade de testosterona circulante, fazendo com que as células do câncer de próstata parem de crescer ou cresçam muito mais lentamente. De maneira semelhante, quando uma mulher com câncer de mama que tenha receptores hormonais passa a tomar hormonoterapia, há diminuição da quantidade de estrógeno circulante ou do efeito desse nos receptores hormonais que estão na superfície das células malignas, com consequente diminuição na divisão das células cancerosas. Via de regra, hormonoterapia tem menor toxicidade que quimioterapia, sendo por isso utilizada sempre que possível.

CONHECIMENTO BÁSICO SOBRE TERAPIAS-ALVO OU IMUNOBIOLÓGICOS

Denominam-se terapia-alvo as drogas anticancerígenas relativamente novas que almejam atingir uma determinada proteína ou mecanismo de divisão celular apenas (ou preferencialmente) presente nas células tumorais. A própria hormonoterapia descrita anteriormente não deixa de ser uma terapia-alvo. Com o maior conhecimento sobre os mecanismos genéticos e químicos que levam à divisão acentuada das células cancerosas, passou-se a desenvolver moléculas que têm como alvo um ou mais desses mecanismos de crescimento. Exemplos de terapias-alvo são imatinibe, que transformou a leucemia mieloide crônica de doença fatal em doença crônica; rituximabe, que aumentou de maneira extraordinária a sobrevida de alguns tipos de linfoma; e trastuzumabe, que diminuiu em 50% o risco de recidiva de determinados casos de câncer de mama, entre outros. Cada uma dessas medicações tem seu alvo específico, de modo que somente devem ser usadas após a investigação e a confirmação da presença desse alvo nas células tumorais.

6

O QUE DETERMINA A ESCOLHA DO MEU TRATAMENTO?

Como já discutido em outros capítulos, as características exatas do tumor, a sua extensão (estadiamento) e as condições física, social, psicológica e geográfica do paciente entram no processo decisório sobre o melhor tratamento para cada pessoa. Por outro lado, a escolha da modalidade terapêutica (cirurgia, radioterapia, terapia sistêmica), a seleção das drogas sistêmicas, das doses de quimio e/ou radioterapia e que tipo de cirurgia será feita são decisões baseadas em trabalhos científicos.

Esses trabalhos científicos são, em última instância, a fonte que lista, de maneira ranqueada para o médico, as opções de tratamento. É o médico quem decide, diante desse rol, o melhor tratamento ao paciente.

É importante que o paciente e as pessoas próximas a ele entendam um pouco sobre como se chega a essa relação de opções aceitáveis de tratamento.

Imaginemos que, para o câncer de pulmão, o tratamento padrão seja a cirurgia, que retira não só o tumor, mas boa parte de tecido saudável em volta dele. E digamos que, com esse tratamento cirúrgico, 50% dos pacientes continuem sem evidência de doença em 5 anos, mas 25% apresentem recidiva nesse mesmo período e outros 25% venham a falecer como consequência da cirurgia (esses números são fictícios, tomados apenas para exemplo).

Agora, imaginemos que se descubra uma medicação A, que, quando administrada para pacientes com doença já recidivada, incurável, consegue prolongar a vida desses doentes. Poderíamos imaginar um estudo no qual 100 pacientes seriam submetidos apenas à cirurgia padrão e outros 100 pacientes receberiam a medicação A após a cirurgia (tratamento adjuvante), com o intuito de matar as células que porventura tivessem escapado à ressecção cirúrgica.

Acompanhando esses dois grupos, os investigadores observariam que, após 5 anos, o grupo submetido apenas à cirurgia teve um índice de 50% de pacientes sem evidência de doença, 25% de óbitos como consequência da cirurgia e 25% de recidiva em até 5 anos. O outro grupo, que recebeu a droga A, teve 60% de sobreviventes sem evidência de doença, 15% de recidivas e 25% de óbitos pela cirurgia.

Parece óbvio que, a partir daí, todos os pacientes deveriam receber a droga A após a cirurgia, pois esta proporcionaria maior probabilidade de estarem vivos e sem a doença em 5 anos. No entanto, aí entra a questão da toxicidade, qualidade de vida e que tipo de pacientes foram selecionados para entrar no estudo.

É possível que o estudo tenha somente avaliado pacientes jovens e sem outras doenças e, nesse caso, o resultado não pode ser extrapolado para pacientes idosos com outras doenças graves. Assim, a gama de opções de tratamento válido não deve descartar a cirurgia isolada, mas, sim, ranquear, preferencialmente, a cirurgia seguida da droga A, desde que o paciente se encaixe no perfil dos pacientes estudados.

O ESTUDO E O AVANÇO DA CIÊNCIA
NO TRATAMENTO DO CÂNCER

Graças a estudos como esse é que a ciência avança constantemente. É com base nessa gama de opções que o médico deve selecionar o melhor tratamento para cada paciente, lembrando que é possível que, na experiência de um determinado médico, um tratamento seja melhor, ao passo que, nas mãos de outro, um segundo tratamento seja mais adequado. A decisão sobre a melhor terapia não é simples e não segue regras fixas.

Com base em centenas de estudos, é possível desenvolver diretrizes para o tratamento de todos os tipos de câncer; não diretrizes estáticas, mas que consideram algumas (poucas) opções razoáveis ou boas para cada situação clínica. De fato, tais diretrizes existem e são frequentemente pesquisadas pelos médicos na hora de decidir pelo melhor tratamento dos pacientes.

Podem-se citar, a título de exemplo, as diretrizes da rede de consórcio do câncer em institutos americanos, conhecido como National Comprehensive Cancer Network (NCCN), disponíveis no site www.nccn.org, em versões para pacientes e médicos, em inglês.

Vale mencionar novamente, porém, que, como o câncer é, em geral, uma doença do idoso, e como pessoas idosas frequentemente têm outras doenças, a avaliação geriátrica é imensamente importante na decisão sobre o tratamento mais adequado para um determinado paciente.

7

PREPARANDO-SE PARA INICIAR O TRATAMENTO

Enfrentar o diagnóstico de um câncer não é mesmo nada fácil, mas você já deve ter percebido que o objetivo deste livro é lhe ajudar a passar por essa fase da maneira menos dolorida possível.

Antes de iniciar qualquer tratamento (que pode ser uma cirurgia, a quimioterapia ou, ainda, a radioterapia), recomendamos que você tenha uma conversa bastante franca e esclarecedora com seu oncologista. Trata-se de uma nova fase em sua vida e você precisa estar preparado.

Como se trata de um mundo novo, as informações podem parecer complexas e é aos poucos que você vai se acostumar com todos os termos utilizados pelo seu médico e equipe.

Para lhe ajudar neste momento, aqui vão algumas dicas:

- não vá sozinho à consulta;
- leve seu acompanhante (marido, esposa e/ou filhos, mas um amigo também pode ajudar muito) e deixe-o fazer perguntas também;

- alguns pacientes preferem ter uma agenda só para o tratamento e estão sempre com todas as dúvidas e perguntas anotadas;
- durante a consulta, aproveite para esclarecer essas dúvidas;
- tente não ir para casa com dúvidas. Se você não entendeu, pergunte novamente;
- você pode pedir ao seu médico para lhe indicar algum paciente que esteja enfrentando um câncer como o seu para vocês conversarem. Pacientes relatam que essa troca de experiência ajuda muito.

Outros recursos que podem ajudar neste momento:

1. A enfermagem
   Esse profissional de saúde vai acompanhar você de forma bastante próxima e atenciosa.

2. Grupo preparatório para a quimioterapia
   Alguns hospitais e clínicas possuem grupos informativos focados em orientar os pacientes que estão iniciando um novo tratamento.

3. Grupos de apoio
   Os grupos de apoio também podem ajudar a entender e a se preparar para esse novo momento da vida.

4. Acompanhamento psicológico
   A psicologia poderá ajudar a enfrentar todos os altos e baixos desse período.

O tratamento para o câncer costuma ser variado e pode ser que, logo após uma quimioterapia, você faça uma radioterapia, ou que, após uma cirurgia, você faça uma quimioterapia. Isso vai variar de acordo com o seu tipo de câncer e muitos outros detalhes relacionados a ele.

O que importa é que você saiba que cada tratamento vai requerer uma adaptação e preparação diferente da sua parte. Por isso, não tenha medo da informação e de uma boa conversa com seu médico.

A BUSCA POR INFORMAÇÕES E A DISCUSSÃO
COM UM ESPECIALISTA

Você pode também buscar informações na internet, mas para isso procure sempre um portal confiável (ver Capítulo 14) e não se esqueça que cada caso é um caso.

Ou seja, a forma como você vai reagir e/ou se beneficiar de um tratamento pode ser totalmente diferente da forma como outro paciente reagiu ou se beneficiou. Cuidado para não se assustar com informações inadequadas e, em caso de dúvida, procure esclarecê-la rapidamente com o seu médico.

Estudos comprovam que pacientes informados reagem melhor durante o tratamento e se sentem mais seguros e preparados para enfrentar todos os altos e baixos que podem ocorrer nessa fase.

Pontos que você pode discutir com seu médico nesse momento:

1. Saiba exatamente qual o seu tipo de câncer.
2. Como será seu tratamento? Periodicidade e duração.
3. Efeitos colaterais: eles existirão? Quais os mais comuns?

4. Sobre sua vida profissional: será possível continuar trabalhando?
5. Qualidade de vida e câncer: alimentação, exercícios físicos, estado emocional, sono.
6. O que é um sintoma urgente?
7. Quando ligar para o médico?
8. Em caso de necessidade de procurar um pronto-socorro, aonde ir?

8

CONHECENDO A EQUIPE MULTIPROFISSIONAL QUE CUIDA DO PACIENTE

Embora o paciente com câncer tenha, em geral, como ponto de referência, um médico (seja cirurgião, seja oncologista clínico), na prática, a maior parte do tempo em que o paciente estiver no meio médico, ele estará sendo cuidado por uma equipe multiprofissional. Essa equipe trabalha para auxiliar o paciente a passar pelo plano de tratamento estabelecido pelo médico responsável da melhor maneira possível, e sem essa integração de diversos profissionais não há dúvida que o resultado oncológico do tratamento pode ficar seriamente prejudicado. A seguir, está descrita, de maneira breve, a função de cada um desses profissionais.

NUTRICIONISTA

Durante o tratamento oncológico, tanto cirúrgico quanto sistêmico (quimioterápico, especialmente), é frequente que pacientes passem a ter alterações importantes na alimentação, em razão de limitações impostas pelo próprio tratamento, de perda de apetite determinada pela doença ou por uma combinação de ambos os fatores. Nesse contexto, é necessária uma orientação nutricional frequentemente sofisticada, desempenhada pela nutricionista.

ENFERMEIRO(A)

A maior parte do tratamento oncológico sistêmico (quimioterápico) será administrada ambulatorialmente, ou seja, sem necessidade de internação (exceto para leucemias agudas e outras situações raras). Nesse contexto, e considerando que o tratamento oncológico pode durar vários meses, é extremamente útil que, sempre que possível, um mesmo enfermeiro cuide de um determinado paciente. Essa continuidade de cuidado tem repercussão em um melhor acompanhamento e orientação quanto a sintomas e eventos adversos, assim como também ajuda o paciente ao criar mais um vínculo estável ao longo dessa fase difícil de sua vida. A enfermagem é responsável por orientar o paciente no dia a dia, fazer e orientar em relação aos curativos, avaliar sintomas e alertar o médico, se necessário, injetar quimioterápicos e avaliar clinicamente o paciente a cada tratamento (infusão).

FISIOTERAPEUTA

Do mesmo modo que, durante o tratamento, é importante a orientação de um nutricionista, é também frequente a necessidade de orientação quanto à fisioterapia; em casos como câncer de mama, pode ser necessária a realização de drenagem linfática. Diversos centros de tratamento contam com uma estrutura física e fisioterapeutas especializados contratados para auxiliar os pacientes. No entanto, para a maioria dos pacientes oncológicos, basta manter um grau adequado de atividade física, preferencialmente após orientação pelo profissional.

DENTISTA

Como diversos quimioterápicos podem causar mucosite (aftas, úlceras na boca, descamação da mucosa), todo paciente deve passar por uma avaliação odontológica. Dependendo das medicações a serem utilizadas, está indicada a prevenção da mucosite pela aplicação de *laser* na mucosa oral. Além disso, uma classe de medicação frequentemente utilizada em casos de doença metastática para os ossos, denominada bisfosfonato (sendo zoledronato e pamidronato os mais utilizados), pode causar necrose no osso da mandíbula, em casos com infecções preexistentes não tratadas. Assim, antes do início da administração dessa medicação, é necessária uma avaliação cuidadosa pelo dentista.

PSICÓLOGO(A)

O câncer traz consigo um estigma culturalmente arraigado de se tratar sempre de uma doença fatal e que causa, necessariamente, muito sofrimento. Essas crenças não correspondem à realidade na maioria dos casos, mas isso não ajuda a eliminar o estigma nem a minimizar o sofrimento real que muitos pacientes irão experimentar com o diagnóstico, a doença e seu tratamento. Nesse contexto, é de extrema importância que, junto com o tratamento adequado do câncer, ocorra um acompanhamento adequado do ponto de vista psicológico. Assim, na maioria dos centros de tratamento de câncer, o paciente deverá ter à disposição um profissional da área, seja psicólogo, seja psiquiatra. A experiência de passar por um câncer certamente não confere um diagnóstico psiquiátrico a ninguém, mas, na tentativa de um ajuste, o melhor possível, a uma nova realidade, mesmo que temporária, recomenda-se enfaticamente um acompanhamento psicológico a todos os pacientes.

EQUIPE DE CUIDADOS PALIATIVOS

Os cuidados relacionados ao controle da dor e a outros sintomas, como náuseas e falta de ar, além dos cuidados gerais em pacientes com doença terminal, requerem, com certa frequência, ajuda de profissionais com especialização adicional. Assim, há especialistas em dor (geralmente com formação em anestesia e procedimentos invasivos para controle de dor) e em pacientes terminais, que auxiliam o oncologista clínico em situações especiais. Vale mencionar que cuidado paliativo, de maneira nenhuma, é somente dedicado a pacientes com doença terminal, tendo inclusive sido mostrado que a assistência de uma equipe especializada em cuidados paliativos desde o início do tratamento oncológico pode ajudar os pacientes não só a viverem melhor, mas também a viverem mais.

MEDICINA INTEGRATIVA E COMPLEMENTAR

É sabido que pacientes com câncer frequentemente procuram a chamada "medicina alternativa". Com o avanço da medicina alopática na área de oncologia, não mais se justifica substituir a medicina convencional pela alternativa. Assim, a medicina integrativa e complementar consiste hoje de uma gama de intervenções, passando por acupuntura, meditação, ioga e fitoterápicos, entre outras. É de extrema importância que qualquer intervenção seja segura no que tange a não interferir negativamente no tratamento oncológico convencional. Assim, não só se deve encorajar pacientes a procurar conhecer as modalidades de medicina complementar, mas também sugerir que qualquer profissional que prescreva um fitoterápico entre em contato com o oncologista, para que se assegure de que não haverá uma interação medicamentosa que possa prejudicar o paciente.

ONCOGERIATRA

Como o câncer frequentemente acomete pacientes com idade mais avançada, e esses pacientes são também aqueles com outras doenças e em uso de diversas medicações, é de extrema importância que ocorra um diálogo constante entre o geriatra e a equipe responsável pelo tratamento oncológico. Em diversos países estão se desenvolvendo programas específicos de treinamento para o tratamento dessa população de pacientes, tal a importância da integração entre o conhecimento geriátrico e oncológico. Quando o paciente idoso com câncer não tem ainda um geriatra, é recomendável que passe a ser seguido por um profissional da área e que este esteja em contato com o oncologista, para a melhor condução do caso como um todo.

INTEGRAÇÃO ENTRE CIRURGIÃO ONCOLÓGICO, ONCOLOGISTA CLÍNICO E RADIOTERAPEUTA

Com base na variabilidade que existe entre pacientes, mesmo entre aqueles que apresentam a mesma doença, o melhor tratamento ou sequência de tratamentos deve ser resultado de uma discussão aberta entre os profissionais que, em última instância, determinam a escolha dos tratamentos. Assim, recomenda-se aos pacientes que cobrem de seus médicos uma discussão entre os três profissionais envolvidos nas decisões, como meio de obter o melhor resultado oncológico. Essa integração ocorre, em alguns centros, por meio da discussão de casos novos em reunião multiprofissional (incluindo todos os profissionais listados) antes do início do tratamento; em outras vezes, pode acontecer em uma conversa telefônica. O paciente deve sentir-se seguro de que todos os médicos estão "na mesma linha" quanto ao tratamento proposto.

9

O DIA A DIA DO TRATAMENTO DO CÂNCER COM QUIMIOTERAPIA: QUESTÕES QUE MERECEM ATENÇÃO

São inúmeras as perguntas de um paciente que iniciará tratamento com quimioterapia. No entanto, o medo do paciente, a ansiedade pelo tratamento novo e, principalmente, os preconceitos baseados em "ouvi falar que" acabam muitas vezes levando o paciente a não perguntar questões importantes antes do início do tratamento. Este capítulo abordará alguns desses temas, com o intuito de fazer com que o paciente se sinta estimulado a formular questões adicionais ao seu médico. Lembre-se: tirar as dúvidas do paciente faz parte do trabalho do médico que prescreve o tratamento.

TRABALHO: A MAIOR PARTE DOS TRATAMENTOS QUIMIOTERÁPICOS PODE AUMENTAR O RISCO DE INFECÇÕES

Por conta do risco de infecção (que pode ser mínimo em alguns tipos selecionados de quimioterapia), costuma-se recomendar que os pacientes permaneçam afastados do convívio constante com grupos de risco, como crianças em escolas (casos frequentes de gripes), hospitais (diversos pacientes com as mais diferentes infecções) e obras (de todo tipo, onde são comuns fungos e detritos tóxicos). Também é muito improvável que o paciente consiga fazer um trabalho braçal intenso. Há ainda limitações ao trabalho físico por conta de cirurgias, sendo que a esse respeito o cirurgião costuma recomendar as restrições. Apesar de tudo isso, hoje em dia, com o controle adequado de náuseas e outros efeitos colaterais, mais da metade dos pacientes em tratamento quimioterápico consegue manter sua atividade profissional, mesmo que em número reduzido de horas. Manter a atividade, em geral, ajuda o paciente a passar pelo tratamento com menor perda da qualidade de vida e com um estímulo psicológico a mais.

A decisão individual sobre parar temporariamente ou não de trabalhar deve ser discutida abertamente com o médico.

CONVIVÊNCIA COM FAMILIARES

Manter a convivência harmoniosa com familiares é um dos fatores mais importantes durante todo o tratamento do câncer. O suporte familiar é imprescindível e deve ser estimulado. Isso não significa que o paciente deva se sentir forçado a ter uma vida social intensa, assim como deve ficar claro para os familiares que o paciente deve ter suas horas de descanso respeitadas.

RELACIONAMENTO

É muito frequente que o parceiro de um paciente com câncer passe por um período sem saber qual a melhor forma de se comportar diante do diagnóstico e da nova situação física do companheiro. Não é raro que esse parceiro também necessite da ajuda de um psicólogo para se adequar à nova realidade. O paciente frequentemente tem uma diminuição da libido durante o tratamento, mas vale ressaltar que, exceto em períodos de risco elevado de infecção (este deve ser informado pelo médico na dependência do tipo de quimioterapia), não há recomendação contra a atividade sexual. Deve-se lembrar o paciente, no entanto, que toda atividade sexual deve ocorrer com preservativo (camisinha), não só como meio contraceptivo (o material genético do espermatozoide e do óvulo estão alterados e o risco de malformações de um eventual feto é grande), mas também para evitar exposição do parceiro ao quimioterápico, que pode ser encontrado em secreções corporais.

ALIMENTAÇÃO

Por conta do risco exacerbado de infecções, recomenda-se que o paciente coma salada somente se muito bem lavada, o mesmo valendo para frutas frescas. Embora não haja restrição formal, recomendamos que carnes e peixes crus sejam evitados e comidas com excesso de condimentos não sejam consumidas. Vale como dica evitar oferecer alimentos quentes para pacientes com náuseas, pois esses alimentos têm cheiro mais forte, o que pode exacerbá-las. Idealmente, todo paciente deve ser acompanhado por um nutricionista, para prover recomendações personalizadas.

10

ENFRENTANDO OS EFEITOS COLATERAIS DO TRATAMENTO DE UM CÂNCER

Ao longo do tratamento do câncer, seja no período pós-operatório, seja na fase de quimioterapia, radioterapia ou outra modalidade terapêutica, podem ocorrer sintomas ou efeitos adversos das medicações. Embora exista um certo padrão de efeitos colaterais desses tratamentos (por exemplo, a dor no sítio cirúrgico no pós-operatório ou a queda de cabelo após a administração de determinados quimioterápicos), a resposta e tolerância a esses efeitos pode ser variável e, às vezes, imprevisível.

Por isso, nos próximos itens deste capítulo serão feitas algumas considerações sobre os efeitos mais frequentes ou mais temidos do tratamento de um câncer.

DORES PROPORCIONADAS PELO TRATAMENTO

Hoje dispomos, na medicina, de uma infinidade de medicações para dor e, virtualmente, qualquer dor pode ser controlada, embora para casos extremos, as doses de medicações sejam tão altas que o paciente acaba ficando sedado. Não há absolutamente ne-

45

nhuma utilidade em sentir dor, de modo que, no caso de dor, contate seu médico, que certamente encontrará uma medicação ou combinação de medicamentos mais apropriada para seu caso.

NÁUSEAS

Assim como em relação à dor, existem hoje várias medicações com diversos princípios ativos e mecanismos para controlar a náusea. Há pacientes que sentem náuseas só de pensar na próxima aplicação ou de chegar ao local do tratamento (denominada de náusea premonitória); outros começam a ter náuseas dias após a aplicação.

Embora o controle das náuseas ainda não seja perfeito, converse abertamente com seu médico, pois ele pode acrescentar novas drogas ou indicar procedimentos como acupuntura, que podem ajudar a proporcionar um controle adequado na grande maioria dos casos.

CANSAÇO E FADIGA CAUSADOS PELO TRATAMENTO

Além da doença, o próprio tratamento e a anemia podem causar cansaço, que costuma ser cumulativo, ou seja, aumenta com o passar do tratamento. Pode também ocorrer uma confusão entre o que é realmente cansaço e quanto do sintoma poderia ser atribuído (devida ou indevidamente) à depressão. Assim, é importante ficar atento e considerar a possibilidade de parte do cansaço consistir em sintomas depressivos.

Seu médico, um psicólogo ou um psiquiatra poderão ajudar a estabelecer essa diferença. O cansaço pode ser combatido pela otimização dos níveis de hemoglobina, através de transfusão, em alguns casos, com hormônios estimulantes da produção de sangue, atividade física, entre outros.

RISCO DE INFECÇÕES

É a ocorrência mais temida especialmente em pacientes que estejam recebendo quimioterapia. Isso se deve ao fato de que a quimioterapia diminui a imunidade e pode predispor a infecções, além de fazer com que qualquer infecção seja potencialmente grave. Assim, ao menor sinal de infecção, procure imediatamente um pronto-socorro, informando a data da última aplicação de quimioterapia e o telefone de seu médico ou equipe.

O pronto atendimento colherá um hemograma e as chamadas hemoculturas (sangue para avaliar se há crescimento de alguma bactéria) e aplicará antibióticos endovenosos, até obter o resultado ao menos do hemograma. Nunca menospreze febre, pois ela pode indicar uma situação de emergência.

QUEDA DO CABELO

Um dos efeitos colaterais da quimioterapia (a grande maioria das drogas) é a queda de cabelo, que pode ocorrer já a partir do primeiro ciclo (geralmente após 2 semanas) ou demorar mais para ocorrer. Para as mulheres, é muito importante já ter um plano do que irá ser feito nessa eventualidade: seja comprar uma peruca com antecedência, arrumar alguns lenços e chapéus ou, ainda, estar preparada para simplesmente andar de cabeça raspada. No entanto, os pacientes devem se lembrar que, terminado o tratamento, o cabelo voltará a crescer.

LABILIDADE OU INSTABILIDADE EMOCIONAL

Com relação aos altos e baixos emocionais, recomenda-se fortemente que os pacientes procurem um apoio psicológico durante o tratamento do câncer. Por conta de seu impacto físico e psicossocial, sabe-se o quanto o câncer pode interferir em todos os aspectos da vida: relacionamento amoroso, filhos, amigos e trabalho; todos merecem cuidado e atenção.

Procure conversar com seus filhos sobre o que está acontecendo com você e sobre como será seu tratamento. O tom e a quantidade de informações podem variar de acordo com a idade das crianças, mas nunca as deixe sem informação. Elas precisam sentir que estão fazendo parte de todo o contexto familiar, independentemente de ser um momento fácil ou difícil.

11

ONDE POSSO FAZER MEU TRATAMENTO?

Uma questão prática que requer atenção imediata do paciente e seus parentes é a decisão de onde realizar o tratamento oncológico. É muito frequente que o diagnóstico seja feito em um serviço ou por um profissional não especializado no tratamento do câncer, como um endoscopista, um radiologista que faz uma biópsia de mama, um ginecologista obstetra que faz um exame de Papanicolaou, um pneumologista que faz uma broncoscopia. Nesses casos, esse profissional poderá dar uma sugestão de onde ou com quem o paciente deva ser tratado. Sugere-se que, neste momento, o paciente vá seriamente atrás do profissional indicado ou procure um serviço especializado no tratamento do câncer.

À PROCURA DO LOCAL CERTO PARA O MEU TRATAMENTO

No sistema público, que trata de 80% dos casos de câncer na população brasileira, a disponibilidade de centros de excelência no tratamento do câncer varia amplamente nos diversos estados e nem sempre é fácil chegar a esses centros, havendo restrições que determinam que o paciente tenha de ser encaminhado por um posto de saúde ou unidade básica de saúde local. Essa sequência de encaminhamentos acaba atrasando o acesso ao profissional mais indicado e todo o esforço deve ser feito para que esse acesso seja feito o mais rápido possível.

Para pacientes que contam com convênios, também há uma grande variabilidade quanto ao serviço ao qual o paciente tem acesso. Sugere-se sempre que o paciente procure no livro do convênio qual o centro dedicado ao tratamento do câncer que o seguro referencia e que o procure imediatamente, não sendo aceitável atraso na marcação de consulta ou avaliação pelo profissional da área.

Quando o paciente opta por procurar livremente o local para seu tratamento, o ideal é que procure serviços de grande volume (local onde idealmente dezenas de pacientes são tratados para essa doença por ano, exceto, é claro, em casos de doenças raras), onde geralmente a experiência acumulada permite resultados melhores no tratamento de diversos tipos de câncer. O paciente deve procurar um médico que lhe dê segurança e que assuma a responsabilidade pelo seu tratamento. Desse modo, ele é encorajado a ouvir uma segunda opinião, se necessário, para que encontre o profissional com quem se sinta mais seguro.

Essa procura não pode, porém, sacrificar tempo, porque o tempo é precioso quando se trata de iniciar o tratamento oncológico. O número de dias ou semanas que pode demorar a procura pelo "médico ideal" varia muito na dependência da doença, de modo que sugerimos que o paciente pergunte ao primeiro médico consultado, quanto tempo pode passar até o início do tratamento.

OS CENTROS DE ONCOLOGIA E A BUSCA POR NOVOS TRATAMENTOS

Em cidades grandes como São Paulo, há boas opções de centros de tratamento oncológico, tanto no setor público (alguns poucos centros, cujas dificuldades são o acesso, as possíveis filas e encontrar um profissional que se responsabilize pelo caso) como no privado (alguns serviços deixam a desejar em termos dos profissionais que neles atuam, em termos de experiência e estrutura física) e também em centros de pesquisa clínica.

Como o câncer ainda não é, universalmente, uma doença curável, há uma constante busca por novos tratamentos. Esses tratamentos são testados clinicamente em protocolos de pesquisa, descritos em detalhe em outro capítulo. Diversos centros de tratamento do câncer, sejam públicos ou privados, contam com centros de pesquisa clínica. Incentivamos todo paciente a conversar com seu médico sobre a opção de participar de um estudo, especialmente em se tratando de doenças incuráveis.

12

PROTOCOLOS DE PESQUISA CLÍNICA: O QUE É, QUAL A IMPORTÂNCIA E COMO PARTICIPAR?

A oncologia, como qualquer outra área da medicina, baseia-se em estudos clínicos. Cada estudo clínico, por sua vez, procura responder a uma pergunta ou dúvida existente. O conjunto das respostas geradas por diversos estudos clínicos é a base do conhecimento oncológico e, a cada dia, novas respostas são acrescentadas ao cabedal de conhecimento já existente. Muitas vezes contraditórios, os resultados de estudos clínicos motivam outras pesquisas para solucionar a controvérsia. Estudos e mais estudos são, assim, constantemente publicados, aumentando diariamente a literatura com novos conceitos que confirmam ou derrubam as ideias até então vigentes. Esse é um movimento constante e progressivo cujo domínio pelos profissionais da área é essencial e, nos dias de hoje, profundamente dependente das tecnologias de informática e de comunicação. Achar uma resposta depende, muitas vezes, de uma pesquisa cuidadosa da literatura médica e da troca de experiências com outros profissionais. Ao final, com as alternativas à mão, a escolha envolve uma análise e discussão franca de benefícios, riscos e custos do tratamento escolhido com o paciente.

PROTOCOLOS DE ESTUDO CLÍNICO

A existência de estudos clínicos reflete a necessidade de se obter dados reprodutíveis e, assim, evitar que a enorme variabilidade inerente à observação de efeitos terapêuticos em seres humanos leve a conclusões errôneas (obra do acaso). Por meio dos estudos clínicos, erros e acertos são convertidos em conhecimento útil para a confecção de novos estudos e também para tratar os pacientes na prática clínica diária. Cada estudo é comparável a um tijolo de uma infindável construção, que é o conhecimento médico. Da solidez (reprodutibilidade) dos dados de cada estudo depende a estabilidade da estrutura maior dessa construção (conhecimento médico).

A maior diferença entre tratar um paciente dentro ou fora de um estudo clínico é que o estudo sempre gera conhecimento. As observações ocasionais feitas ao longo do tratamento de um paciente fora de estudo são úteis para formular hipóteses que se incorporarão ao conhecimento apenas se reproduzidas por futuros estudos clínicos. Atualmente, procura-se, por meio da associação de várias instituições de pesquisa, incluir números maiores de pacientes em estudos clínicos (estudos multi-institucionais). Essa política visa a aproveitar ao máximo cada caso individual como uma fonte potencial de conhecimento oncológico. Para o paciente, tratar-se participando de um estudo pode abrir a possibilidade de receber uma medicação potencialmente superior ao tratamento padrão vigente; no entanto, não se pode deixar de mencionar que o estudo pode também acabar demonstrando que a nova medicação é menos eficiente e mais tóxica.

COMO UM ESTUDO CLÍNICO É INICIADO

O estudo só pode ser iniciado após a confecção de um protocolo de pesquisa pelo pesquisador que o idealizou (pesquisador responsável). O protocolo explicita o objetivo básico do estudo, quais os critérios para a inclusão ou exclusão de pacientes, os métodos experimentais (doses e periodicidade das drogas, testes laboratoriais necessários, etc.) e métodos estatísticos a serem seguidos (maneira de alocar pacientes para os diferentes grupos experimentais, número total de pacientes necessários, datas para a análise intermediária dos dados, etc.). O protocolo também deve, além de tornar claros quais são os seus objetivos, explicar como mensurá-los de maneira objetiva para quantificar o efeito dos tratamentos experimentais propostos. Para evitar abusos e garantir a segurança dos pacientes, estudos clínicos só podem ser conduzidos por pesquisadores idôneos após aprovação pelo comitê científico e de ética de suas instituições de pesquisa. Portanto, antes de um estudo ser aprovado é necessário que o protocolo de pesquisa a ser seguido seja analisado por um comitê científico, formado por médicos e profissionais de saúde não médicos (estaticistas, enfermeiras, etc.). O objetivo desse comitê é assegurar que a proposta de estudo seja válida do ponto de vista científico e de que o desenho experimental escolhido para abordá-la seja adequado.

Após a passagem pelo comitê científico, o protocolo de pesquisa é então submetido a um comitê de ética formado por profissionais médicos, não médicos da área de saúde e por leigos (religiosos, advogados, etc.). O objetivo do comitê de ética é garantir a segurança dos pacientes incluídos no estudo. Assim, é necessário saber se os riscos envolvidos são aceitáveis, se há mecanismos para monitorar os pacientes durante a pesquisa, diagnosticar efeitos tóxicos do tratamento e tratá-los precocemente, se esclarecimentos adicionais devem ser fornecidos aos pacientes antes de serem incluídos no estudo, etc. Uma vez que o protocolo é aprovado pelos comitês científico e de ética, ativa-se o estudo e inicia-se a inclusão de pacientes nele.

A participação em um estudo clínico pressupõe, entretanto, a ciência de cada paciente sobre todos os seus detalhes, riscos potenciais e alternativas terapêuticas, caso ele não eleja participar no estudo em questão. Essa decisão, que envolve o médico-assistente, o paciente e sua família, deve ter um caráter aberto e permitir que se esclareçam todas as dúvidas existentes. Deve-se também ressaltar o caráter experimental do tratamento, ressalvando que não se sabe exatamente qual será seu real impacto sobre a doença do paciente. Uma vez esclarecidos todos esses pontos, a anuência do paciente materializa-se na assinatura de um "consentimento informado" (*informed consent*), que contém todas as informações sobre toxicidades, alternativas e detalhes do estudo por escrito e de forma inteligível e clara para um leigo.

TIPOS DE ESTUDOS CLÍNICOS

Os estudos clínicos podem ser prospectivos ou retrospectivos. O estudo prospectivo é aquele que ocorre baseado em um protocolo de pesquisa e inclui pacientes após a idealização do protocolo. Ou seja, só após se conceber um plano de pesquisa é que se inicia o recrutamento de pacientes. O estudo retrospectivo, por outro lado, baseia-se em dados que foram acumulados antes de sua concepção. Os estudos retrospectivos geralmente se baseiam em levantamentos do que ocorreu; por exemplo, são feitos com pacientes tratados com uma droga específica ou de uma forma especial durante um certo período em uma dada instituição. Por causa de diversas falhas e variabilidades existentes nos estudos retrospectivos, os estudos clínicos prospectivos são superiores do ponto de vista científico.

Os estudos prospectivos podem ser randomizados ou não, baseando-se na maneira pela qual os pacientes são alocados aos grupos experimental e de controle. A randomização é um processo que distribui os pacientes entre esses grupos ao acaso (por um tipo de sorteio), ou seja, impede que haja seleção consciente ou inconsciente de pacientes para um grupo ou outro por parte do pesquisador. Para garantir ainda mais a imparcialidade na condução da pesquisa, o estudo prospectivo randomizado pode, ainda, ser conduzido de maneira que nem o doente nem o médico-assistente saibam qual é a medicação que o paciente está tomando (estudo prospectivo randomizado duplo-cego). Dessa maneira, elimina-se também o sugestionamento do médico e do paciente que poderia advir do prévio conhecimento do tipo de tratamento ministrado.

O processo de descoberta de novas drogas oncológicas exemplifica bem os tipos de estudo prospectivo hoje existentes. Suponhamos que haja evidência de que uma determinada planta tem um princípio ativo com atividade antitumoral. Inicialmente, procura-se, por meio de estudos bioquímicos, fracionar o extrato dessa planta e obter a fração específica com atividade antitumoral, que é então testada em culturas de células oriundas de diversos tipos de tumor (estudos *in vitro*). Posteriormente, já de posse da fração específica, dá-se início a estudos pré-clínicos, nos quais animais portadores de tumores experimentais são tratados com doses crescentes dessa fração. Procura-se aqui definir se há ou não atividade antitumoral *in vivo* e quais as toxicidades da nova droga nos diversos órgãos desses animais. Iniciam-se, em seguida, estudos em seres humanos de Fase I. Esses estudos visam apenas a estudar a farmacologia da droga, tratando pacientes com doses crescentes dela. Mede-se, entre outros parâmetros, qual é a taxa de eliminação da droga, quais os tecidos do corpo para os quais ela se distribui e em quais concentrações e as toxicidades encontradas para cada nível de dosagem. Obviamente, ao se chegar a um nível de toxicidade inaceitável, o aumento da dose é abortado e define-se, assim, a dose máxima tolerada (MTD) da droga em questão como um nível inferior àquele que produziu a toxicidade responsável pelo término do estudo.

Esses estudos geralmente são oferecidos a pacientes para os quais já não há alternativas terapêuticas, desde que estejam em condições clínicas para enfrentar o estudo e concordem em participar dele. Apesar de poderem ocorrer respostas tumorais, o objetivo desse tipo de estudo é apenas definir a farmacologia da droga e a dose aceitável do ponto de vista de toxicidade. Portanto, não é possível prometer aos pacientes que queiram participar nenhum tipo de resposta antitumoral nessa fase inicial de estudo da nova droga experimental.

Uma vez definida a MTD em estudos de Fase 1, iniciam-se os estudos de Fase 2, na qual grupos de pacientes com certos tipos de tumor são tratados com a droga na dose igual à MTD. Define-se, então, a atividade da droga em questão para cada tipo de tumor estudado e, se a droga for ativa, passa-se à Fase 3.

O objetivo dos estudos de Fase 3 é comparar a nova droga com o tratamento padrão vigente até aquele momento. Procura-se saber se a nova droga é melhor, igual ou pior do que o atualmente utilizado para tratar o tipo de tumor para o qual ela é ativa. Com essa finalidade, usa-se, geralmente, um desenho de um estudo prospectivo controlado randomizado para conduzir os estudos de Fase 3.

Nas Fases 2 ou 3, geralmente, se a droga parece ser ativa em certos tipos de tumor, ela é aprovada para uso comercial, expandindo muito a sua aplicação, que até então era restrita apenas às instituições de pesquisa. Os estudos de Fase 4 ocorrem, então, após a comercialização da droga e visam a expandir o conhecimento sobre toxicidades mais raras que não apareceram ou foram infrequentes nos estudos iniciais de Fase 2 ou 3.

Para o paciente que lê essa descrição, vale mencionar que se recomenda sempre discutir abertamente com o médico a possibilidade de participar de um estudo clínico, especialmente em situações nas quais as opções de tratamento tenham uma expectativa de sucesso limitado.

13

VALE A PENA OUVIR UMA SEGUNDA OPINIÃO MÉDICA?

A experiência do câncer certamente será uma das mais graves e marcantes na vida de qualquer pessoa. Embora hoje a maior parte dos casos possa ser curada, essa possibilidade depende de vários fatores. Dentre os grandes determinantes do sucesso de um tratamento, e aqui não falamos apenas de cura (já que existem muitos pacientes incuráveis), estão a capacidade do médico e de sua equipe multiprofissional e a confiança do paciente nesses profissionais. Se um paciente tiver segurança e confiança em um médico, não é necessário ouvir uma segunda opinião.

No entanto, havendo qualquer sensação de dúvida ou tratando-se de um caso raro, é mais do que recomendado ouvir uma segunda opinião, o que não deve, de maneira nenhuma, ser considerado ofensivo por qualquer médico, já que se trata, na grande maioria das vezes, de tratamentos extremamente complexos.

14

SEM MEDO DE SE MANTER INFORMADO. QUAIS AS MELHORES FONTES?

QUANDO A INFORMAÇÃO NA INTERNET É CONFIÁVEL E DE QUALIDADE?

Usar a internet para buscar mais informações sobre uma doença ou tratamento pode ser um recurso positivo, mas é preciso cuidado. Afinal, nem tudo que está na rede tem base científica e pode confundir em vez de esclarecer. Por isso, vale prestar atenção e ter em mente que nenhum site ou qualquer outro meio de informação substitui a consulta e a palavra do médico.

É muito importante observar quem é responsável pelo site, qual a sua missão, público-alvo, responsabilidade pela revisão e frequência de atualização. É fundamental, também, saber quais são as fontes de informações em que o site se baseia. Referências como Conselho Regional de Medicina do Estado de São Paulo (Cremesp), American Cancer Society e Fundação Oswaldo Cruz (Fiocruz), por exemplo, atestam a qualidade das informações prestadas.

Existe uma organização suíça chamada Health on the Net Foundation (HON, disponível em http://www.hon.ch), criada para regulamentar o que é uma informação em saúde com qualidade confiável.

Evite portais que contenham frases como "cura milagrosa", "grande descoberta científica", "remédio antigo", "ingrediente secreto" e "medicamento que pode curar um grande número de doenças".

Cuidado também com relatos de casos que tiveram grande resultado com o medicamento, mas sem fornecer informações científicas.

Fique atento aos produtos que estão disponíveis somente através de uma única fonte/local e para os quais é necessário pagamento antecipado. É um alerta contra a credibilidade do site, que tem seu foco no comercial, e não na saúde.

15

DIREITOS DOS PACIENTES COM CÂNCER

- A saúde é direito de todos e dever do Estado.
- Toda mulher a partir de 40 anos de idade tem direito à realização de mamografia (Lei Federal nº 11.664/2008).
- Todas as necessidades dos pacientes devem ser cobertas pelo Sistema Único de Saúde (SUS), que é universal e gratuito, ou seja, todos os cidadãos brasileiros devem ter acesso a ele, independentemente de qualquer tipo de contribuição.
- Se o paciente precisar de veículo adaptado, pode comprá-lo com isenção de impostos e o desconto pode corresponder a até 35% do valor do carro.
- O empregado que estiver impossibilitado temporariamente para o trabalho tem direito ao auxílio-doença.
- O empregado que ficar impossibilitado permanentemente para o trabalho tem direito à aposentadoria por invalidez.
- Todo aposentado com câncer tem direito à isenção do imposto de renda sobre o valor da sua aposentadoria.

- Pelo SUS, todos têm direito de receber gratuitamente os medicamentos prescritos por ordem médica, incluindo os de alto custo e quimioterápicos orais.
- FGTS, PIS e PASEP podem ser levantados quando o titular da conta ou seus dependentes tiverem câncer.
- O SUS deve cuidar do paciente de forma integral, oferecendo-lhe todos os exames e tratamentos existentes.
- Crianças e idosos têm direito a acompanhante durante todo o período de sua internação.
- Todos os pacientes têm direito a uma segunda opinião médica, podendo trocar de médico, hospital ou instituição de saúde.
- Todo paciente tem direito de acesso ao seu prontuário médico, podendo solicitar cópia integral dele.
- A justiça já decidiu: os planos de saúde não podem negar a cobertura de quimioterapia oral, ainda que o tratamento seja realizado na casa do paciente.
- A justiça já decidiu: pacientes com câncer têm prioridade no recebimento de créditos judiciais contra o Estado (Precatório).
- A justiça já decidiu: nenhum plano de saúde pode limitar o valor do tratamento.
- A justiça já decidiu: pacientes com câncer têm prioridade no julgamento de processos judiciais e administrativos dos quais seja parte ou interessado.
- Toda mulher que tiver a mama ou parte dela retirada em razão do tratamento de câncer tem direito a realizar cirurgia plástica reconstrutiva gratuitamente pelo SUS ou pelo plano de saúde contratado.

- Pacientes com câncer têm prioridade para receber créditos decorrentes de ações judiciais contra a Fazenda Pública.

- Pacientes com câncer permanentemente incapazes para o trabalho podem ter direito a indenizações decorrentes de contratos de seguro de vida, aposentadoria privada e quitação do saldo devedor de contratos de financiamento imobiliário.

Fonte: Manual dos direitos dos pacientes com câncer Portal Oncoguia (http://www.oncoguia.org.br).

16

FAMILIAR: O QUE VOCÊ DEVE SABER E COMO PODE AJUDAR

Enfrentar o diagnóstico de um câncer é sempre difícil para todas as pessoas envolvidas. Nessa hora, não faz diferença se você é pai, mãe, filho(a), neto(a), tio(a), sobrinho(a)... Toda a família sofre com o diagnóstico de câncer.

Diante disso, afirmamos: o apoio familiar e de amigos é fundamental neste momento! Estamos falando de presença, atenção, apoio, compreensão, carinho e amor. Atitudes e sentimentos que podem fazer com que o paciente não se sinta sozinho, mas, sim, amado, querido e tenha cada vez mais forças para enfrentar o tratamento, por vezes tão difícil e doloroso.

ORIENTAÇÕES PARA O SUPORTE FAMILIAR

Sabemos que oferecer esse suporte de maneira integral pode ser uma tarefa difícil para o familiar e, por isso, destacamos algumas orientações que podem ajudar nesse momento:

- mantenha-se a par de tudo. Veja a informação como uma aliada e busque fontes seguras;
- saiba que, por vezes, você estará diante de alguém inseguro e fragilizado por conta da doença. Você poderá estranhar seu comportamento, não reconhecer essa pessoa e até sentir falta de algumas atitudes frequentes. Tenha calma e compreenda o momento delicado pelo qual ela passa;
- não se esqueça que cada caso é um caso. O caso de seu familiar é diferente daquele outro que você ouviu falar;
- participe do processo do tratamento sempre respeitando os limites impostos pelo paciente;
- coloque-se à disposição para acompanhá-lo às consultas médicas, sessões de quimio e radioterapia ou mesmo para realizar atividades corriqueiras do dia a dia, como ir ao supermercado ou buscar as crianças na escola;
- se tiver alguma dúvida sobre a doença, o tratamento e os efeitos colaterais, não deixe de entrar em contato com a equipe médica para esclarecê-las;
- saiba que altos e baixos emocionais poderão ocorrer e que reações explosivas e agressivas não têm a ver com você;
- aprenda a ouvir e, às vezes, a ficar em silêncio. Saiba que um abraço bem forte fará toda a diferença em alguns momentos;
- opte sempre por uma conversa franca e sincera. Palavras "não ditas" costumam atrapalhar muito a comunicação entre os familiares. Até mesmo as crianças devem participar de tudo o que está acontecendo com a família;
- o paciente não precisa pensar a respeito da doença o tempo todo. Colabore para que isso não aconteça proporcionado momentos de distração, divertimento e lazer.

PREPARAÇÃO PARA O FAMILIAR

Para que você, familiar, consiga oferecer todo esse suporte ao paciente, é importante que se cuide e se prepare para enfrentar desgastes tanto físicos quanto emocionais, que podem ocorrer durante todo o período de tratamento.

Isso pode parecer tarefa difícil, mas não se descuide. Continue sua prática de atividades físicas, alimente-se bem, deixe seus exames em dia e, se precisar, busque apoio psicológico com um especialista.

17

IMPORTÂNCIA DOS CUIDADOS PALIATIVOS
AUTORA COLABORADORA: THEODORA KARNAKIS

O conceito de cuidado paliativo consiste na minimização dos sintomas associados ao câncer, que causam sofrimento em qualquer fase da doença. A prática dos cuidados paliativos disseminou pelo mundo uma filosofia sobre o controle efetivo da dor e de outros sintomas, presentes principalmente na fase avançada da doença, e o cuidado com as dimensões psicológicas, sociais e espirituais de pacientes e suas famílias.

À medida que a doença progride e o tratamento curativo perde o poder, os cuidados paliativos crescem em significado, sendo imprescindíveis nos casos em que a doença é incurável. Há necessidade da intervenção de uma equipe profissional adequadamente treinada e experiente no controle de sintomas e na comunicação das prioridades, em uma fase da doença em que o foco não seja mais a cura, mas, sim, a qualidade de vida.

O FOCO DOS CUIDADOS PALIATIVOS
A equipe de profissionais que pratica os cuidados paliativos tem seu foco centrado em:

- controlar a dor;
- não pretender adiar a morte, se for impossível manter a vida com qualidade;
- integrar os aspectos psicológicos e espirituais da assistência ao paciente;
- oferecer um sistema de apoio para ajudar os pacientes a viver tão ativamente quanto possível até a morte;
- oferecer um sistema de apoio para ajudar a família a enfrentar a situação;
- usar uma abordagem de equipe para atender às necessidades dos pacientes e suas famílias, incluindo aconselhamento de luto, se indicado;
- melhorar a qualidade de vida do paciente, podendo também influenciar positivamente o curso da doença;
- ajudar o paciente desde o início do curso da doença, em conjunto com outras terapias que visam a prolongar a vida, como a quimioterapia ou radioterapia.

PACIENTES ELEGÍVEIS PARA OS CUIDADOS PALIATIVOS

O paciente é elegível para cuidados paliativos se encaixar-se em uma das situações abaixo:

- portador de enfermidade avançada e progressiva;
- poucas possibilidades de resposta à terapêutica curativa;
- evolução clínica oscilante, caracterizada pelo surgimento de várias crises de necessidades;
- grande impacto emocional para o doente e sua família;
- impacto social para o doente e sua família;
- prognóstico de vida limitado;
- necessidade de adequação terapêutica.

Nesse contexto, frequentemente a equipe de cuidados paliativos lança mão de procedimentos especiais para conseguir analgesia (bloqueios, anestesias, etc.) e pode contar com psicólogo, geriatra, enfermeira especializada e diversos outros profissionais. Assim, quando um paciente que acaba de ser diagnosticado com um câncer recebe a sugestão de acompanhamento com uma equipe de cuidados paliativos, isso, de maneira nenhuma, quer dizer que se trate de um caso terminal. O motivo para a inclusão dessa equipe nos cuidados consiste no fato de que uma equipe especializada poderá ajudar a preservar a qualidade de vida do paciente e de seus familiares, em conjunto com a equipe que responde pelo tratamento antitumoral propriamente dito.

18

CÂNCER E QUALIDADE DE VIDA: UMA REALIDADE

Apesar de ainda haver muitos preconceitos quando se fala de câncer, pode-se afirmar que os avanços são muitos, assim como é possível falar em câncer e qualidade de vida.

Qualidade de vida é um conceito complexo composto por aspectos físicos, sociais, espirituais e emocionais. Mais especificamente, tem relação ao que o paciente está sentindo física e psicologicamente, como estão seus relacionamentos, quais são suas crenças e também com o quanto está satisfeito e feliz com a própria vida.

PONTOS FUNDAMENTAIS SOBRE QUALIDADE DE VIDA DO PACIENTE

Durante todo o processo de um câncer e seu tratamento, também são fundamentais, quando se fala em qualidade de vida, os seguintes pontos:

- relacionamento do paciente com seu médico e equipe de suporte;

- monitoramento adequado dos possíveis efeitos colaterais e utilização, se necessária, do arsenal de suporte existente hoje (p. ex., náuseas e vômitos podem ser evitados durante a quimioterapia);
- proatividade do paciente com relação ao seu tratamento e sua saúde;
- ânimo do paciente e o quanto ele consegue realizar de exercícios físicos;
- forma como o doente encara o câncer, seu tratamento e seu bem-estar físico e emocional;
- manutenção de suas atividades, dentro do possível: profissional, recreativa, etc.;
- espiritualidade.

Ouvimos de nossos pacientes, com frequência, o quanto o câncer os tornou "uma pessoa melhor", "pessoas diferentes", como "mudou suas vidas" ou os fizeram ainda "mais felizes".

Não estamos aqui para dizer se isso está certo ou errado, melhor ou pior, mas, sim, para dizer que todas essas pessoas puderam refletir sobre valores, escolhas, crenças e atitudes e puderam seguir em frente em busca de uma vida com mais qualidade. Isso nos traz de volta à premissa deste livro: apesar do câncer, a vida continua.

19

O PACIENTE IDOSO COM CÂNCER
AUTORA COLABORADORA: THEODORA KARNAKIS

DECISÕES NO TRATAMENTO ONCOLÓGICO NOS IDOSOS

Assim como muitas doenças degenerativas, o câncer afeta de maneira desproporcional a população idosa. Atualmente, mais de 60% dos diagnósticos de câncer e 70% das mortes por câncer ocorrem em indivíduos acima de 65 anos. As decisões no tratamento oncológico nos idosos geram dúvidas em razão da grande diversidade dessa população: há idosos perfeitamente saudáveis e há aqueles com múltiplas doenças concomitantes, que determinam maior fragilidade. Para dificultar mais a condução do tratamento do câncer, poucas pesquisas clínicas incluem essa população, o que faz com que exista certa falta de dados publicados sobre a tolerância desses pacientes a muitos dos tratamentos padrão em pacientes mais jovens.

Se você, leitor, for um paciente idoso ou um familiar de uma pessoa idosa com câncer, deve estar se perguntando o que poderá ocorrer agora, com esse novo diagnóstico do câncer. A resposta passa por uma avaliação global, que será feita com base no que hoje se denomina oncogeriatria.

AVALIAÇÃO GLOBAL

A idade avançada não é, por si só, contraindicação para um tratamento oncológico curativo. No entanto, avaliar globalmente o paciente para definir a melhor forma de tratamento é estritamente fundamental e requer frequentemente o auxílio de um geriatra. A devida atenção às alterações fisiológicas e psicossociais decorrentes do envelhecimento permite que se detectem problemas previamente desconhecidos ou subdiagnosticados, que podem comprometer a segurança e a eficácia do tratamento oncológico se não forem abordados. Em alguns casos, os riscos do tratamento podem até exceder os potenciais benefícios.

Definir qual a melhor estratégia no tratamento oncológico para o paciente idoso implica uma avaliação global, que considera a expectativa de vida do paciente, sua reserva funcional (capacidade física), o suporte social e as opções e crenças pessoais do idoso. A importância da funcionalidade reside na grande heterogeneidade encontrada na população idosa e que não permite que se considere apenas a idade cronológica. É possível ter um idoso aos 70 anos totalmente dependente, incapaz de comer sozinho, locomover-se sem ajuda ou tomar suas próprias decisões, assim como se pode encontrar um idoso de 80 anos totalmente independente e funcional. Esse idoso funcionalmente independente provavelmente estaria apto a receber o tratamento oncológico tradicional. Assim, idade funcional é a idade atribuída ao indivíduo de acordo com a sua capacidade funcional, ou seja, a capacidade de gerir seu autocuidado e de se manter independente física e mentalmente.

Outro aspecto peculiar ao paciente idoso é a questão da finitude, ou seja, como o idoso encara a idade avançada e a perspectiva do fim da vida. O idoso com câncer inevitavelmente reflete sobre a finitude e, assim, pode optar por examinar sua vida, suas escolhas e suas possibilidades, ou por suprimir essa realidade. Envelhecer mostra-se um grande desafio, agravado pelo enfrentamento da doença e a possibilidade de morte. É grande a proporção de pacientes idosos com câncer que conseguem estar em paz com o diagnóstico, muito mais até que seus familiares.

QUESTÃO FAMILIAR

Na posição de médicos, são várias as questões com as quais nos deparamos quando um paciente idoso está com câncer. Uma delas é a posição da família perante essa realidade – familiares frequentemente expressam o desejo de "poupar" o ente querido da verdade de seu diagnóstico. É como se desejassem realizar uma mágica ao não abordar a questão: "se não falamos sobre o assunto, ele não existe, e podemos seguir com nossas vidas". É importante deixar claro que isso nunca acontece da forma como planejado. Embora essa tentativa de poupar o paciente seja baseada na melhor das intenções, na grande maioria das vezes, o paciente sabe exatamente o que está ocorrendo e, em resposta à dificuldade da família quanto ao tema, passa, por sua vez, a poupar seus familiares de uma discussão aberta sobre o assunto. Esse "tapar os olhos" mútuo em nada ajuda o processo como um todo. Podemos dizer que o paciente oncológico idoso parece beneficiar-se do processo de refletir sobre a realidade da vida, seu sentido e sua finitude, adquirindo uma percepção mais ampla de sua história de vida e de seu legado para a família e a sociedade.

A decisão sobre o tratamento do idoso com câncer e o planejamento de seus cuidados implica, portanto, abordá-lo em suas múltiplas dimensões, considerando não apenas sua idade cronológica, mas, sim, sua funcionalidade, comorbidades (outras doenças), história de vida, capacidade cognitiva e suporte social. Somente após essa avaliação é possível propor um tratamento que permita ao idoso ter dignidade e qualidade de vida.